Todos los libros de Linkgua Ediciones cuentan con modelos de Inteligencia Artificial entrenados por hispanistas. Pregúntale al chat de tu libro lo que desees acerca de la obra o su autor/a.

Para ebooks: Accede a nuestro modelo de IA a través de este enlace.

Para libros impresos: Escanea el código QR de la portada con tu dispositivo móvil.

Obtén análisis detallados de nuestros libros, resúmenes, respuestas a tus preguntas y accede a nuestras ediciones críticas generativas para una experiencia de lectura más enriquecedora.
La transparencia y el respeto hacia la autoría de las fuentes utilizadas son distintivos básicos de nuestro proyecto. Por ello, las respuestas ofrecen, mediante un sistema de citas, las fuentes con las que han sido elaboradas.

Pedro Calderón de la Barca

La piel de Gedeón

Barcelona **2024**
Linkgua-ediciones.com

Créditos

Título original: La piel de Gedeón.

e-mail: info@Linkgua-ediciones.com

Diseño de cubierta: Michel Mallard.

ISBN tapa dura: 978-84-1126-062-6.
ISBN rústica: 978-84-9816-431-2.
ISBN ebook: 978-84-9953-245-5.

Sumario

Brevísima presentación

La vida

Pedro Calderón de la Barca (Madrid, 1600-Madrid, 1681). España.

Su padre era noble y escribano en el consejo de hacienda del rey. Se educó en el colegio imperial de los jesuitas y más tarde entró en las universidades de Alcalá y Salamanca, aunque no se sabe si llegó a graduarse.

Tuvo una juventud turbulenta. Incluso se le acusa de la muerte de algunos de sus enemigos. En 1621 se negó a ser sacerdote, y poco después, en 1623, empezó a escribir y estrenar obras de teatro. Escribió más de ciento veinte, otra docena larga en colaboración y alrededor de setenta autos sacramentales. Sus primeros estrenos fueron en corrales.

Lope de Vega elogió sus obras, pero en 1629 dejaron de ser amigos tras un extraño incidente: un hermano de Calderón fue agredido y, éste al perseguir al atacante, entró en un convento donde vivía como monja la hija de Lope. Nadie sabe qué pasó.

Entre 1635 y 1637, Calderón de la Barca fue nombrado caballero de la Orden de Santiago. Por entonces publicó veinticuatro comedias en dos volúmenes y *La vida es sueño* (1636), su obra más célebre. En la década siguiente vivió en Cataluña y, entre 1640 y 1642, combatió con las tropas castellanas. Sin embargo, su salud se quebrantó y abandonó la vida militar. Entre 1647 y 1649 la muerte de la reina y después la del príncipe heredero provocaron el cierre de los teatros, por lo que Calderón tuvo que limitarse a escribir autos sacramentales.

Calderón murió mientras trabajaba en una comedia dedicada a la reina María Luisa, mujer de Carlos II el Hechizado. Su hermano José, hombre pendenciero, fue uno de sus editores más fieles.

Personajes

Gedeón
Idolatría
Joás, viejo
Madián
Un Ángel
Amalec
Fará
La Mies
Cuatro soldados
El Monte
La Aurora
El Prado

Acto único

(Suenan en un carro cajas y trompetas y en otro instrumentos de música, y dicen a una parte Madián y a otra Amalec sus versos representados, a tiempo que la tropa responde con los suyos cantando.)

Madián ¡Muera esta infame canalla
ingrata a su Dios, y injusta!

Música ¡Misericordia, Señor!,
de ella con nosotros usa.

Amalec ¡Mueran estos viles!

Todos ¡Mueran!

Música ¡Vivan las clemencias tuyas!

Todos ¡Arma, arma!

Música ¡Piedad, piedad!

Madián Y sin valerles la fuga...

Música Y sin faltarnos tu amor...

Todos ...¡mata, y hiere!

Música ...¡vive, y triunfa!

Todos ¡Arma, arma!

Música ¡Piedad, piedad!

Los dos ¡Mata, y hiere!

Música ¡Vive, y triunfa!

(A esta última repetición, sale un Ángel trayendo como arrastrando a la Idolatría, vestida de mujer, con alguna alusión de demonio en el manto o tocado, con banda, espada, bengala y plumas.)

Ángel ¡Sal de este pueblo!

Idolatría ¿Por qué
desalojarme procuras
de lo que es posesión mía?

Ángel Porque no es posesión tuya
el pueblo de Dios.

Idolatría Si sabes,
cuando cláusulas escuchas,
allí de marciales ecos,
aquí de voces confusas,
que es la causa por haber
idolatrado, su culpa,
pues hoy de los madianitas
sacrílegos ritos usa,
tanto que a Baal ofrece,
en esa aspereza inculta,
víctimas que el aire abrasan,
inciensos que el Sol ahúman,
por cuyo delito, Dios
los castiga, pues desnuda,
en Madián y Amalec
el estoque de su furia,
obligándolos a que

dejen el poblado y huyan
a aquestas montañas, donde,
temiendo las iras suyas,
fieras racionales viven
las entrañas de las grutas
¿cómo puede no ser mía
la posesión absoluta,
siendo yo (que no lo ignoras),
aquella deidad impura
de la Idolatría, que siendo
alma de Luzbel segunda,
inspira en el bronce estatuas,
que con mi aliento articulan
los oráculos, que dan
respuestas a sus preguntas?
Pues, si es castigo de Dios,
¿cómo tú, cómo repugnas
su ejecución? Deja, deja,
que el aire su voz confunda.

Madián

¡Muera esta infame canalla,
ingrata a su Dios, y injusta!

Ángel

Como ya de ese error, muchos,
reducidos a la justa
voz de un profeta, pretenden
que con sus piedades sumas
los perdone, siempre que
el pueblo a su Dios acuda,
que responderá benigno,
compadecido a su angustia;
y así, si marciales ecos
la esfera allí el aire turban,
aquí míseros gemidos

también al cielo pronuncian.

Música

¡Misericordia, Señor!,
de ella con nosotros usa.

Idolatría

¿Hasta cuándo la paciencia
de Dios, a prueba de injurias,
ha de sufrir este pueblo?;
¿cuándo ha de acabarla?

Ángel

Nunca,
porque como Dios le tiene
dada la palabra suya
de que en él ha de tomar
humana carne en tan pura
madre que no ha de tocarla
ni aun la sombra de tu culpa,
de cuya encarnación, cuyo
parto virginal y cuya
muerte ha de seguirse aquel
sacramento que en figuras
y sombras vio tantas veces,
es fuerza que se la cumpla.
Y así...

Idolatría

No prosigas, calla,
calla, que esa voz me turba
tanto al oírla, que ciega
la vista, la lengua muda,
torpe el labio, helado el pecho,
me estremecen y me angustian
de suerte que, dentro de él,
el corazón en menudas
partes quebrado, parece

que más se arranca que pulsa.
Vuelvan, porque no lo oiga
Amalec, las voces tuyas.

Amalec
¡Mueran estos viles!

Todos
¡Mueran!

Ángel
Cuando esta voz interrumpa
la mía, estotra la alienta.

Música
¡Vivan las clemencias tuyas!

Todos
¡Arma, arma!

Música
¡Piedad, piedad!

Idolatría
Si unos con otros se ofuscan
aparatos y lamentos,
de otra manera te arguya:
¿qué figuras, ni qué sombras
son estas, de quien tú juzgas
inferirse tan extraña
encarnación, que la duda
mi saber, con la substancia
tan capaz como la tuya,
pues que no perdí la ciencia,
con la gracia y la hermosura?
¿Qué figuras son, qué sombras,
digo otra vez, las que anuncian
ese grande sacramento,
que tanto me asombra?

Ángel
Muchas;

y aunque pudiera acordarte
aquella escala que junta
el cielo y la tierra, donde
ángeles bajen y suban,
aquel blanco, aquel hermoso
rocío, que en blanda lluvia,
el llanto del alba cuaja
y el rayo del Sol enjuga,
que son las dos a quien más
ambos misterios se ajustan,
hoy, por darte mayor pena,
no ha de valerse mi industria
de las que ya acontecidas
parece que no te asustan,
porque se les pierde el miedo
a penas que se acostumbran,
sino, para más asombro,
he de valerme de algunas
que aún no acontecidas, hagan
novedad a tus angustias.
¿Qué ves por esa campaña?

Idolatría

Montes que al cielo se encumbran,
siendo, de ese azul alcázar,
sus cimas verdes columnas,
en quien la fábrica estriba
del palacio de la Luna.

Ángel

¿Y qué ves sobre esos montes?

Idolatría

Tupidas nubes, que oscuras,
como preñadas, parece
que las agobian las puntas,
siendo a sus altas cervices

enmarañadas coyundas.

Ángel — ¿Qué ves en su falda?

Idolatría — Allí
van los corderos que usurpan
su adorno al prado paciendo
la verde esmeralda bruta,
cuyo salpicado aljófar,
si cuando el alba madruga
pareció que le bebían
parece ahora que le sudan.

Ángel — ¿Y allí?

Idolatría — Sazonadas mieses,
cuyas espigas fecundas,
los fatigados hebreos
para su sustento buscan
con tal miedo del contrario
que, siendo las parvas suyas,
aun cuando las benefician
les parece que las hurtan.

Ángel — Pues esas nubes, pues esos
montes, que su esfera ocupan,
esos corderos y mieses,
no contienen parte alguna,
que ya en su vaga impresión,
ya en su fábrica robusta,
ya en sus cándidos vellones,
y ya en sus espigas rubias,
de esa encarnación y de ese
sacramento en sí no incluya

algún rasgo o algún viso,
siendo, a pesar de tus dudas,
este horizonte teatro
en quien hacerse procuran
hoy dos representaciones
a las edades futuras,
de sombras en la primera,
y luces en la segunda.

Idolatría

Primero que llegue a ver
los misterios que me anuncias,
cuando de muertas estatuas
mi espíritu destituyas,
me pasaré a estatuas vivas,
haciéndoles que se infunda
en Madián y Amalec
mi horror, mi rabia y mi furia,
porque de una vez acaben,
porque de una vez destruyan,
ese forajido pueblo,
siendo el que teatro juzgas
de maravillas, teatro
de infames ruinas caducas,
tanto que al mirarle el Sol,
se ponga en cuestión, en duda,
si se ha errado su carrera,
hallando que hoy mares sulca
las que ayer dejó campañas,
pues agonizando mustia,
su verde faz, del Bermejo
mar será sombra purpúrea.

Ángel

Cuando al mar Bermejo imite
el verdor que se divulga,

no le faltará caudillo
que con celestial ayuda,
amontonando las ondas,
le penetre a planta enjuta.

Idolatría
¿Qué caudillo?, si no hay
persona en el pueblo alguna
que ame a su Dios.

(Dentro Fará [villano rústico].)

Fará
Gedeón,
los segados haces junta,
que se acerca el enemigo;
no aquí nos coja su furia.

Ángel
Por mí parece que el viento
ha satisfecho la duda.

Idolatría
Poco fáciles acasos
me sobresaltan y turban.
¿Qué caudillo, a decir vuelvo,
habrá, si aunque lloren muchas
personas su error, son más
las que idólatras procuran
darme adoraciones?

(Dentro Gedeón.)

Gedeón
Yo,
a pesar de sus injurias,
he de dejar esta fértil
parva tan limpia y tan pura,
que no lleve el menor grano,

neguilla o cizaña alguna.

Idolatría

¡Ay de mí! No ya porque
su equívoco me atribula,
cuanto porque en aquel trigo
que limpia el que le pronuncia,
no sé qué luz miro, cuando
que le ha de coger presuma,
sin neguilla que le vicie
ni cizaña que le pudra.
Pero ¿qué me aflige?, ¿qué?
si primero que él lo cumpla,
acabaré yo con todos,
haciendo que se introduzga
mi espíritu en Madián,
como en Amalec mi furia.
¡Arma, arma!

Todos

¡Arma, arma!

Ángel

¡Piedad, piedad!

Música

¡Piedad, piedad!

Idolatría

¡Vuestro poder los destruya!

Los dos

¡Nuestro poder los destruya!

Ángel

¡Tu poder, Señor, los salve!

Música

¡Tu poder Señor, nos salve!

(La caja, y las voces repiten, y ellos representan.)

Idolatría ¡Y sin valerles la fuga...

Los dos ¡Y sin valerles la fuga...

Ángel ...¡y sin faltarles tu amor!...

Música ...¡y sin faltarnos tu amor!...

Los unos ...¡mata y hiere!...

Los otros ...¡vive y triunfa!...

Unos ...¡arma, arma!...

Otros ...¡piedad, piedad!...

Los unos ...¡mata y hiere!...

Los otros ...¡vive y triunfa!...

(Vanse los dos. Sale Gedeón vestido de labrador, con un bieldo en la mano y algunas espigas [de trigo], como asustado, y [tras él] Fará.)

Gedeón Vive y triunfa, vive y triunfa,
que claro es que ha de vivir,
y triunfar siempre el que nunca
verá en los siglos mudanza,
y buenos y malos juzga.

Fará ¿Dónde vas, Señor?

Gedeón No sé.

Fará ¿Qué tienes?

Gedeón No sé.

Fará ¿Qué buscas?

Gedeón No sé, no sé.

Fará ¿Qué te ha dado?

Gedeón Bárbaro ¿qué me preguntas?,
si te digo que no sé
qué helado fuego discurra
por mis venas, que me lleva
entre mil luces a oscuras.

Fará ¿A oscuras entre mil luces?
Ya mi calletre barrunta,
según que por mí ha pasado
que hebe de tener la culpa
el nieto de los sarmientos.

Gedeón ¿Quién?

Fará El hijo de las uvas.

Gedeón ¡Calla!, rústico villano,
que más noble, más oculta
causa mi discurso mueve
y mis sentidos perturba.
Entre ese marcial rumor
y esa métrica dulzura,
que hace de trompas y voces
Babilonia la espesura,
me hallaba aventando el trigo

que aquesa heredad tributa
a Joás, mi anciano padre,
para llevarlo a la gruta,
a donde tímido guarda
la corta familia suya,
cuando no sé qué vehemente,
qué poderosa, qué aguda
imaginación me obliga
a que imagine, a que arguya,
al limpiar el trigo, en cómo
de Dios las piedades sumas,
al bieldo que le levante
y al viento que le sacuda,
hacia allí la arista aparta
y hacia allí los granos junta.

Fará ¿Pues qué fecultad es esa?
Yo, que so una bestia bruta,
sé por qué es eso.

Gedeón ¿Por qué?

Fará Porque no comamos juntas
las bestias y las personas;
y así hacernos prato gusta
aparte; mi burra y yo
lo digamos, pues a una
mos da, para mí la paja,
y el grano para mi burra;
mas, ¿qué tenemos con eso,
para que del afán huyas?

Gedeón No sé, déjame, Fará,
y vuelve por vida tuya

a la labor, mientras yo
quedo lidiando mis dudas.

Fará

No quiero, que si con eso
de la fatiga te excusas,
también con mi duda yo
quiero empezar otra lucha:
¡salid aquí, dudecillas,
o pocas seáis, o muchas!

Gedeón

Vete, y déjame, por Dios.

Fará

Yo me iré, si de ello gustas,
¿pero sabes qué imagino?

Gedeón

¿Qué?

Fará

Que todas estas murrias
han de venir a parar...

Gedeón

¿En qué?

Fará

...en alguna locura,
que quien está en juicio siempre,
quizá no está en juicio nunca.

(Vase.)

Gedeón

¡Válgame Dios! ¿Qué misterio
hay que en sí este trigo encubra,
cuando enseña que es su parva
república en quien se juntan
buenos y malos, a que
fácil soplo, vara ruda,

lo provechoso y lo inútil
en dos partes destribuyan,
siendo la arista y el grano
una misteriosa junta
de réprobos y elegidos,
para quien el pan fluctúa
a los buenos el provecho
y a los malos el angustia?
¿Qué misterio?

(Sale el Ángel.)

Ángel
Gedeón.

Gedeón
¿Quién a esta parte pronuncia
mi nombre? Pero, ¡ay de mí!,
¡que los rayos me deslumbran
de un nuevo Sol!

Ángel
Gedeón.

Gedeón
A la sombra está de una
encina quien me ha llamado:
la más hermosa criatura
es, que ojos humanos vieron.
¿A quién, bello garzón, buscas?

Ángel
¡Sálvete Dios, varón fuerte,
y sea en tu amor y ayuda!

Gedeón
Bien será, extranjero joven,
menester que él nos acuda
a mí y a mi pueblo, en tanta
calamidad, bien que injusta.

Ángel ¿Cómo?

Gedeón Como perseguidos
de la cólera sañuda
de los madianitas, todos
puestos en tímida fuga,
sin domicilio, ni casa,
vivimos las espeluncas
de estas montañas, a donde
son sus quiebras y roturas,
hoy de cadáveres vivos
voluntarias sepulturas.

Ángel ¿Por qué tú, pues, que tu nombre
cuando a hebreo le traduzgas,
quiere decir varón fuerte,
de su sentido no usas,
y en nombre de Dios y el pueblo,
tomando su voz, empuñas
la vara de su justicia,
y el blanco acero desnudas
contra el idólatra fiero
que vuestras quietudes turba?

Gedeón Porque a mí, aunque de Jacob
gloriosa sangre me ilustra,
soy de sus menores tribus
y menor por mi fortuna
en la casa de mi padre,
y competir no es cordura
el tribu de Manasés
dignidades al de Juda.

Ángel

No importa, que el Señor quiere
que las maravillas suyas,
con los flacos instrumentos,
más campeen y más luzgan.
Juez del pueblo de Israel
has de ser; el puesto ocupa,
y ponle en su libertad,
haciendo que restituya
a su Dios todas las aras
que sacrílego le usurpa
el ídolo de Baal.
No temas, que Él en tu ayuda
será en tu mayor peligro,
como tú el precepto cumplas.

Gedeón

Permíteme, hermoso joven,
que dude el bien que me anuncias,
que la duda no es de Dios,
de mi mérito es la duda.

Ángel

¿No basta que yo lo diga?

Gedeón

En un pobre las venturas
son familia mal mandada
que todo lo dificulta.
Dame una señal de que
tu revelación es suya.

Ángel

¿Señal pides? ¿Qué señal
quieres?

Gedeón

Si no te disgustas,
la señal ha de ser... pero,
mejor lo dirá una industria.

Espérame aquí.

Ángel — Sí haré.

(Vase, y sale Idolatría.)

Idolatría
¡Qué mal descansa una injuria!
A la vista de este noble
espíritu que criatura
humana se representa
al que por caudillo jura
de Israel, trayendo ya
decretada la consulta,
he de andar, pues hasta ahora
no me obligan a que huya,
supuesto que de Baal
aún los simulacros duran.
(Mira adentro.) Mas ¡ay de mí!, ¡ay de mí, cielos!
¡que tienen mis desventuras,
como todas las desdichas,
hallarse cuando se buscan.
Para la señal que pide,
en un canastillo junta
a la carne de un pequeño
recental que al fuego apura,
pan, y no pan fermentado,
sino el que sin levadura,
ácimo llama el hebreo.
¡Oh, alcancen mis conjeturas,
qué querrán decir especies
hoy de pan y carne juntas!

(Sale Gedeón con un canastillo con panes y una olla [o barro].)

Gedeón Ya está el sacrificio aquí,
pero no la llama pura
que abrase esta leña.

Ángel Si esa
la seña ha de ser produzgan
al eslabón de esta vara
fuego aquestas piedras duras

(Da el Ángel con la vara y sale fuego.)

y den las nubes sus rayos
que la abrasen y consuman,
para que veas que Dios
en ti su misterio funda,
eligiéndote ministro
de sus sombras y figuras.

(Desaparece el Ángel y el Sacrificio.)

Gedeón Ángel de Dios eres; ya
lo creo, mi dicha es mucha,
pues vi al Ángel del Señor
faz a faz,

Idolatría ...Crezcan mis dudas...

Gedeón ...a cuya causa...

Idolatría ...iqué ansia!,...

Gedeón ...aqueste lugar...

Idolatría ...iqué injuria!...

Gedeón ...ha de llamarse...

Idolatría ...¡qué agravio!,...

Gedeón ...la Paz del Señor.

Idolatría ...¡qué angustia!,...

Gedeón Pueblo de Israel,...

Idolatría ...¡qué rabia!,...

Gedeón ...ya el Señor vuelve...

Idolatría ...¡qué furia!,...

Gedeón ...por tu causa...

Idolatría ...¡qué veneno!,...

Gedeón ...y hoy daré...

Idolatría ...¡qué desventura!,...

Gedeón ...feliz principio...

Idolatría ...¡qué ira!,...

Gedeón ...a la dignidad augusta,...

Idolatría ...¡qué agonía!,...

Gedeón ...derribando...

Idolatría ...¡qué dolor!...

Gedeón ...las esculturas...
de Baal,...

Idolatría ...¡qué sentimiento!,...

Gedeón ...porque veas...

Idolatría ...¡suerte injusta,...

Gedeón ...que obligado...

Idolatría ...¡fiero hado!,...

Gedeón ...de tu llanto...

Idolatría ...¡pena dura!

Gedeón quiere que ministro sea
de sus sombras y figuras.

(Vase.)

Idolatría ¡Ay infeliz! ¡Quién pudiera,
cuando en ti sus glorias funda,
no esperar a la segunda,
pues me basta la primera!;
que misterio el monte era,
nube, prado y mies, no niego,
si en sacrificio a ver llego
que dan, cuando al cielo sube,
prado y mies y monte y nube,

carne y pan y leña y fuego.
¿Qué querrá significar
dar la nube el rayo y ver
del monte la leña arder,
del prado la carne ahumar,
de mies el pan abrasar?
Y todo esto junto seña
ser y seña no pequeña
de que es sacro este horizonte
en mies, prado, nube y monte,
de pan, carne, fuego y leña.
De blanco cordero Abel,
ya hizo sacrificio al cielo,
y ya de pan le hizo el celo
de Melquisedec, tras él;
de fuego le hizo Elías fiel,
de leña Isaac y Abraham,
pero no aqueste a quien dan
con más logrado interés
monte, nube, prado y mies,
leña, fuego, carne y pan,
y más, si a esta conjetura,
otra mi vista termina,
que es que criatura divina
parezca humana criatura,
a quien elegir procura
Dios por su caudillo, ¡oh ciego
pasmo!, en que a perderme llego,
sin saber por qué hayan dado,
nube, monte, mies y prado,
leña y pan y...

(Dentro.) ¡Fuego, fuego!

Idolatría ¿Qué nuevo asombro con tal

rumor de aliento me priva?

Todos (Dentro.) Fuego abrase a quien derriba
los ídolos de Baal.

(Mucho ruido dentro y al oírlo cae como tropezando Idolatría.)

Idolatría ¿Qué parasismo mortal,
qué letargo o frenesí
aquella voz, ¡ay de mí!,
ha introducido en mi pecho,
que me ha postrado y deshecho
desde el punto que la oí?
Pero, ¡qué mucho, si está
mi estatua allí destruida,
siendo el cuerpo de mi vida,
que lo sienta el alma acá!
Fuerza el ausentarme es ya
de ti, ¡oh pueblo desleal!,
pues mi espíritu inmortal
no tiene cuerpo en que viva.

(Dentro.)

Todos Fuego abrase a quien derriba

Y la Idolatría los ídolos de Baal.

(Salen [cuatro vestidos] de labradores, con bieldos y otras armas, tras Gedeón, y él defendiéndose, y en medio Joás, viejo venerable, y Fará huyendo.)

Joás ¡Deteneos!

Labrador I ¡Dadle muerte,

a quien bárbaro profana
nuestro nuevo Dios!

Gedeón — Tirana
gente, que lo es solo, advierte,
el Dios poderoso y fuerte
de Israel, y no otro, no.

Fará — Pues fui de diez que llevó
para una acción tan cruel,
mientras le cascan a él
bien será escaparme yo.

Gedeón — Seguro estás, no has de huir.

Fará — ¿No? Pues lo que hago verás.

Todos — ¡Muera!

Joás — ¡Deteneos!

Labrador II — Joás,
no tienes qué nos decir,
que tu hijo ha de morir
por tan sacrílega acción.

Todos — ¡Muera!

Fará — ¡Muera Gedeón!

(Pónese al lado de los otros.)

Gedeón — Pues ya que por mi Dios muero,
oíd una razón primero.

Fará

Aquí no ha de haber razón.

Gedeón

Un Dios o no Dios ha sido
el ídolo derribado:
si no es Dios, ¿qué os he quitado?
si es Dios, ¿a quién he ofendido?

Todos

A él.

Gedeón

Pues ¿para qué, atrevido,
si él es Dios, contra los dos,
pueblo, su defensa vos
tomáis sañudo y cruel?
Si él es Dios, dejadle a él,
que él se vengará si es Dios.
Y para que mi castigo
se suspenda de una vez,
que soy Israel, tu Juez,
de parte de Dios te digo

(Retíranse todos tímidos y con reverencia.)

del idólatra enemigo
ha de librarte mi acero;
de el que es Dios favor espero,
destruyendo al que no es Dios.
Ahora matad a los dos.

Labrador II

¿Cómo he de matar, si muero
tanto a aquesa voz postrado,
con que me asombras y espantas,
que más parezco a tus plantas
la estatua que has derribado?

Labrador III — Tanto el afecto has trocado
de todos, con esta acción...

Labrador IV — ...que todos aclamación
han de darte...

Labrador I — ...y de manera,
que por decir Gedeón muera
digan viva Gedeón.

Todos — ¡Viva Gedeón!

Fará — ¡Viva Gedeón!

(Vuélvese al lado de Gedeón.)

Gedeón — No en vano, cuando de atroces
a piadosos pasáis, digo
que cajas del enemigo,

(Suenan cajas y trompetas.)

rompen los vientos veloces.
A mí me llaman sus voces,
nobles tribus de Israel;
¡seguidme!, que contra él,
no acaso, virtud divina,
a la sombra de una encina
me coronó de laurel;
su señal vi y aunque agora
la reconozco por tal,
ha de darme otra señal
el rocío del aurora.

Joás
Nadie que es de Dios ignora
tan misteriosa elección.

(Cajas.)

Fará
Ya se acerca el escuadrón,
del Jordán a la ribera;
¡muera el idólatra!

Todos
¡Muera,
y viva...

Joás
¿Quién?

Todos
...¡Gedeón!

Gedeón
Eso no, el Dios de Israel
habéis de decir que viva,
y cuando ese honor reciba
yo, por ser caudillo en él,
no Gedeón, pueblo fiel,
di, sino Geroboal,
que es destruidor de Baal.

Todos
¡Geroboal viva!

Gedeón
¡Oh cielo!,
no te ofendas si mi celo
te pidiere otra señal.

(Éntrase con majestad y los otros con rendimiento; tocan cajas y trompetas y salen de un carro Madián y de otro Amalec representando aparte, mirando adentro.)

Amalec
A los dulces compases de la trompa,
de Jezrael mi gente el campo rompa.

Madián
La vuelta del Jordán mi gente marche,
a las templadas cláusulas del parche...

Amalec
...y sus hermosas márgenes amenas,
en granates conviertan las arenas...

Madián
...y rápido el raudal de sus cristales,
sus espejos guarnezcan de corales...

Amalec
...bebiendo, en vez de aljófares, horrores
el asustado vulgo de sus flores...

Madián
...hallando, en vez de fugitiva plata,
lunas el Sol de líquida escarlata...

Amalec
...¡tanta la derramada sangre sea,
de esta injusta cruel canalla hebrea!...

Madián
...¡tanta sea la sangre derramada,
de esta ingrata nación prevaricada!...

Amalec
...que de la primavera los pinceles,
ignoren que hay más flores que claveles...

Madián
...que del agua las crespas olas sumas,
no se acuerden jamás de que hubo espumas...

Amalec
...que del aire los cóncavos serenos,
duden que haya más música que truenos,...

Madián ...que no sepan del fuego los desmayos,
que hay más luz que relámpagos y rayos,...

Amalec ...siendo la tierra horror,

Madián ...el mar portento,

Amalec ...iras el fuego,...

Madián ...escándalos el viento,...

Amalec ...falleciendo, a la vista del estrago,
aun antes que del golpe del amago...

Madián ...construyendo, en la orilla cristalina,
primero que la fábrica la ruina...

Amalec ...cuando abrasado yo,...

Madián ...cuando yo ciego,...

Amalec ...les intimo la guerra a sangre y fuego.

Madián ...les notifico el último reposo.
(Vense ahora.) Amalec valeroso,
cuya sagrada frente,
los rayos coronaron del Oriente.

Amalec Invicto Madián, cuya infinita
gloria dio fama al reino madianita

Madián Tú, cuyo nombre en frase hebrea construye,
ser pueblo que castiga y que destruye...

Amalec

Tú, cuyo nombre el mismo idioma diga,
ser juicio que pelea o que litiga...

Madián

...que es decir que en ti viene su castigo...

Amalec

...que es decir que su juicio está contigo...

Madián

...dame, dame los brazos,
que de eterna amistad han de ser lazos.

Amalec

Y vida y alma en ellos,
por eslabón que engace nuestros cuellos.

Madián

¿Cómo viene la gente?

Amalec

Sufriendo mal del Sol la llama ardiente;
si bien la lisonjea la esperanza
de que ha de ver lograda su venganza
quitando de una vez a estos hebreos
la posesión que de los amorreos
tiranizaron cuando peregrinos
por desiertos caminos,
con el nombre de Tierra Prometida,
en esta tierra hallaron acogida.

Madián

Esos mismos trofeos,
alimenta el calor de mis deseos;
para esto te he pedido
el favor auxiliar con el partido
de que después gocemos
la tierra entre los dos que conquistemos...

Amalec

Claro está que esa ha sido
la capitulación con que he venido...

(Aparte.) mas, si bien lo supieras...
de otra suerte mis armas admitieras.

Madián (Aparte.) ...si bien lo imaginaras,
de otra suerte ayudarme procuraras.

Amalec ...pues apenas habré vencido... pero,
ni aun a mí revelar mi intento quiero.

Madián ...pues apenas habré... pero ¿qué digo?
que aquesto no he de hablarlo yo conmigo.
[Alto.] ¿Cómo la marcha ha sido?

Amalec De esta suerte.
Yo...

Idolatría (Dentro.) ¡Amalec! ¡Madián!

Amalec ¡Escucha!

Madián ¡Advierte!

Amalec ¿Qué lejana lisonja del oído,
es nuestro nombre, al viento repetido?

Madián A mí más me parece que lejana
lisonja suya, lástima cercana,
según tímida asombra,
la voz que por su esfera se derrama.

Idolatría [Dentro.] ¡Madián!

Madián ¿Quién me llama?

Idolatría [Dentro.] ¡Amalec!

Amalec ¿Quién me nombra?

(Sale la Idolatría, de dama ricamente vestida.)

Idolatría Quien de su cuerpo apenas trae la sombra,
y triste, miserable y afligida,
sin ser, sin alma, sin aliento y vida,
mortal, confusa, absorta, helada y ciega,
de vuestros pies a los sagrados llega
por favor, por reparo,
por piedad, por auxilio y por amparo,
pues sola esta esperanza,
de que en los dos estriba mi venganza,
por reliquia quedó de mi ventura.

Amalec ¡Qué celestial belleza!

Madián ¡Qué hermosura!

Amalec Alza, prodigio bello,
(¡qué segura prisión es un cabello!)

Madián Alza, divino encanto,
(¡qué natural afecto ha sido el llanto).

Amalec Y di a los dos, ¿quién eres?,

Madián ¿qué pretendes?,

Amalec ¿qué quieres?,

Los dos que ya son de los dos, propios tus daños.

Idolatría [Aparte.] ¡Oh! ¡Válgame el disfraz de mis engaños!
[Alto.] Yo soy una infelice madianita,
con mezcla de la sangre amalequita,
(tanto a los dos alcanza
el pretexto, ¡ay de mí!, de mi venganza):
en mi edad fui primera
de Baal pitonisa, y de manera
poseía mi espíritu su pecho
para sus vaticinios, que sospecho
(si es verdad que lo amado se transforma
en lo que ama) que amó y amé de forma
que fueron en la unión de tanto abismo,
su espíritu y mi espíritu uno mismo.
La cercanía de ese advenedizo
pueblo alianza con nosotros hizo
de suerte que mezclándose infinitos
con nuestras ceremonias, nuestros ritos,
altares a Baal labraron bellos,
con que a vivir pude pasar con ellos.
Hoy, pues, como se miran perseguidos
de vuestras armas, tristes y afligidos,
de su Dios, ¡ay de mí!, se han acordado,
cierta señal de hallarse en mal estado,
pues ingrato se llama,
quien sin necesidad a Dios no clama.
Un caudillo valiente,
de Gedeón el nombre lo publica,
pues quien fuerzas quebranta significa,
a su Dios obediente,
Juez de Israel se llama,
y para dar principio a tanta fama
como ganar espera,
su hazaña fue primera

haber las aras de Baal postrado,
sus ídolos y estatuas derribado,
conque es fuerza que, huyendo,
a vosotros me vuelva, pretendiendo,
cuando mi pena mira
cuánto mi Dios y vuestro Dios se agravia,
(Tiemblan los dos.) tocaros del veneno de mi rabia,
del tósigo inflamaros de mi ira,
y pues el Dios que inspira
alientos que el valor vuestro confiesa
ultrajado se halla
a manos...

Madián No prosigas, ¡calla, calla!...

Idolatría ...de un traidor...

Amalec No prosigas, ¡cesa, cesa!...

Idolatría [Aparte.] Ya ardió, dispuesta estaba la pavesa.

Madián ...que no sé qué veneno por mi oído,
áspid tu voz el aire ha introducido...

Amalec ...que no sé qué furor de tus enojos,
basilisco es del viento por los ojos...

Madián ...que envuelto en ira...

Amalec ...en cólera deshecho...

Madián ...Etna es el corazón...

Amalec ...volcán el pecho.

Madián — Y pues ya va la noche oscura y fría,
a parasismos desahuciando el día,
hagamos alto aquí y el orden demos,
con que al primer albor del alba ufana,
las tropas arrojemos
a los esguazos del Jordán mañana.

Amalec — Apenas de carmín, de nieve y grana,
matizados darán sus arreboles,
en un Sol tantos soles
cuantos de nuestras armas los reflejos,
con bruñidos espejos
le repitan a rayos,
cuando sienta los últimos desmayos
toda esa ingrata tierra,
que profana...

(Dentro.) — ¡Arma, arma!

Otros — ¡Guerra, guerra!

Amalec — ¿Qué temerosa voz,...

Madián — ¿Qué veloz eco,...

Amalec — ...de castigada piel,...

Madián — ...de metal hueco...

Amalec — ...el viento desvanece?

Madián — ...de esotra parte del Jordán parece?

Idolatría — Aquesto es que, marchando,

se van los tribus de Israel juntando
a su nuevo caudillo.

Amalec

Porque no haga novedad oíllo
en nuestro campo, en esa orilla fría,
recorre tú tu gente y yo la mía.

Madián

Sí haré, bella deidad, aquí te espera,
y de mí fía que matando muera.

Amalec

Aguarda aquí, bella deidad altiva
y de mí fía que muriendo viva.

Madián

¿No te vas?

Amalec

Sí, si tú te vas.

Los dos

¡Oh cielos,
donde hay furor de más están los celos!

(Vanse.)

Idolatría

Bien mi pretensión logré,
pues en los dos conseguí
con iras para matar,
afectos para morir.
¡Mas ¡ay de mí!, que no basta,
que es muy desigual la lid,
cuando en un pecho pelea
un deseo contra mil!
Dígalo el de las pasadas
dudas que no percibí,
pues mal segura, aunque ponga
medios que estorben su fin,

no sosiego hasta que llegue,
si no a saber, a inquerir,
qué luces consigo traen
aquellos visos; y así,
pues ya desdoblado el ceño
de la noche veo esparcir
su negro manto, embozada
de él, valiéndose mi ardid
de sombras contra las sombras,
al campo contrario he de ir,
espía perdida (¡cielos!
y bien perdida, ¡ay de mí!,
soy de mí misma). En quietud,
yace todo su país.
Pasar me dejan las postas,
señal que este pueblo vil,
bien que de sí me ha dejado
no bien me ha echado de sí,
si ya no es para que vea,
pues no ha menester lucir
para mí el Sol, algo que
me esté mal, y será así,
pues no sin algún misterio
de su tienda veo salir
solo a Gedeón trayendo
en sus manos un sutil
blanco vellón;

(Sale Gedeón, con recato, trayendo en un azafate un vellón blanco.)

de su gente
se aparta; bien desde aquí
veré dónde va.

Gedeón Señor,
no de mi duda y de mí,
os ofendáis, pues mi duda,
mejor que yo percibís,
y sabéis que no es de vos.
Del menor tribu nací,
si no en edad, en poder;
pues, ¿cómo he de persuadir
a mi humildad que merece
el cargo a que me elegís,
sin muchas señales vuestras?
Con esta salva, decid:
¿mi duda os ofende?

(Dentro Música.)

Música No.

Gedeón ¿Daisme esta licencia?

Música Sí.

Idolatría Inspiraciones el cielo
le invía.

Gedeón Pues siendo así,
que de vos favorecido
con auxilios me asistís,
este cándido vellón,
tan de nieve que temí
que al tocarle, entre las manos
se había de derretir,

(Va subiendo al monte.)

esta pura piel, tan pura,
que no la podrá argüir
de átomo de mancha en ella
el ingenio más sutil,
sobre esta piedra os consagro
temeroso hasta inferir
si os ofendo en esto.

Música No.

Gedeón ¿Dais os por servido?

Música Sí.

Gedeón Pues en esa confianza,
si he de vencer, permitid,
que en prendas de la victoria
halle, Señor, al reír
del alba en ella cuajado
sin que se llegue a esparcir
a otra parte su rocío:
esta es la señal que aquí
os pido, ¿es injusta?

Música No.

Gedeón ¿Concederéismela?

Música Sí.

Gedeón Pues queda, ¡oh cándida piel!,
a la esperanza sutil
(Bajando.) de la más hermosa aurora

que a la tierra ha de venir,
pues ha de venir no más
que a fertilizarte a ti

(Yéndose.)

para que venzamos todos,
pues su rocío feliz
ninguna sino tú sola
le merece concebir.

(Vase.)

Idolatría

«¿Ninguna, sino tú sola
le merece concebir?»
¿No ha de alcanzarle otra?

Música

No.

Idolatría

¿Ella sola ha de ser?

Música

Sí.

Idolatría

Pues porque no llegue a verse
experiencia para mí,
tan a toda costa, yo
quitaré la piel de allí,
ajando su limpia tez.

(Sale el Ángel.)

Ángel

Eso no, serpiente vil,
que será culpa, y la Culpa
no puede llegar aquí.

Idolatría

¿Aquí la Culpa no puede
llegar?

Ángel — No, que este jardín
es Paraíso que tiene
de guarda su querubín.

Idolatría — ¿Jardín es y guarda tiene
piel que es como todas?

Ángel — Sí;
porque aunque ella es como todas
ninguna es como ella.

Idolatría — En fin,
yo he de llegar a quitarla.

Ángel — No llegarás.

Idolatría — ¡Ay de mí!,

(Saca la espada el Ángel, ella espantada cae, y él la pone el pie encima.)

que tropezando en las sombras
tu pie beso.

Ángel — Eso es decir
que yo, en fe de guarda suya,
te he pisado la cerviz;
y para que mejor veas
el misterio que hay aquí,
ya que al compás de las aves
empieza el alba a reír,
vuelve a esas nubes los ojos.

([Pájaros dentro]. Ábrense las cuatro nubes. En la primera está la Aurora, con manto azul y corona de flores; en la segunda la Mies, con guirnalda de espigas; en la tercera el Monte, con un árbol en la mano; en la cuarta el Prado, con un cordero. Si se pudieren ajustar los vestidos, la Mies ha de tener manto dorado, el Monte pardo, el Prado verde. Adviértese que sola la nube del vellón ha de estar lloviendo unos copos de algodón.)

Idolatría

Ya sus senos miro abrir,
una allí sobre la piel,
sobre la mies otra allí,
allí sobre el monte otra,
y sobre el prado gentil
otra allí; pero no miro
que su rocío sutil
cuaje en mies o monte o prado,
sino solo, ¡ay infeliz!,
sobre la cándida piel,
pues sobre ella un mar de Ofir
se está desplegando a hojas
de aljófar, nieve, y jazmín;
ella sola en cuantas vagan
la campaña de zafir,
llueve el hermoso rocío
de maná, que otra vez vi
en el desierto cuajando
ciento a ciento y mil a mil,
los copos sobre el vellón,
sin llegarle a repartir
con mies, ni monte, ni prado.

Ángel

¿Ves la Aurora en ella?

Idolatría

Sí,
por señas que el azul manto

tiene al hombro por cenit,
y en su frente una guirnalda
obstenta en vario matiz
ser lucero cada rosa
y estrella cada alhelí.

Ángel

Pues oye a la Mies, al Monte,
y al Prado ahora discurrir,
interpolando las aves
la salva en que han de decir:

Música

Este, no manchada piel,
es el rocío feliz,
que nadie, sino esta sola
le merece concebir.

Mies

Sacro honor de las auroras,
que con labios de rubíes,
cuando para todos ríes
para sola una piel lloras:
la Mies soy, y pues mejoras
el fruto, en nadie es más justo
tu albor esparcir augusto,
que en el fértil campo mío.
¡Llueva el cielo su rocío;
dennos las nubes al Justo!

Monte

Bella alba, que esplendor tanto
a dar hoy al mundo llegas:
el Monte soy, ¿por qué niegas
a mis árboles tu llanto?
Cuanto esperaron y cuanto
temieron ver fruto y flor,
confiaron en tu albor.

Si en solo un vellón se encierra,
¡abra sus senos la tierra,
y produzca al Salvador!

Prado
Precursora que has llegado,
con tan cándido arrebol,
a dar primicias del Sol,
¿cómo te olvidas del Prado?
Muerto pace mi ganado
de sed, sin paz, ni quietud,
si le niegas tu virtud,
dirá con llanto prolijo:
¡danos, Señor, a tu Hijo;
envíanos la salud!

Mies
Duélete de estas espigas
que desconsoladas dejas.

Monte
Oye a estas hojas las quejas
con que a gemir las obligas.

Prado
Considera las fatigas
que el rebaño ha de sentir.

Los tres
De una piel se ha de decir
a quien tu albor acrisola.

Ellos y Música
Que nadie sino ella sola
le merece concebir.

(Sube el Ángel a lo alto.)

Ángel
¡Salve, Aurora celestial!,
que llena de gracia vi

cuando está estéril la tierra,
sobre una piel esparcir
solamente su rocío.

Idolatría ¿A ella te arrodillas?

Ángel Sí,
porque esto es lo que ha de ser.

Aurora Árido seco confín
del mundo, que al Alba esperas
a beber para vivir;
Mieses, Montes, Prados bellos
no os quejéis por hoy de mí,
si hoy con vosotros avara
no llegare a repartir
generalmente el rocío
que en vuestras quejas pedís,
porque hoy a sola esta piel
mi albor se ha de reducir;
así lo manda el Señor,
su voluntad es: en mí
cúmplase su voluntad
solamente se ha de oír.

Los tres Con esa disculpa ya
no nos dejas qué sentir.

Ángel Pues, Aves, Mies, Monte y Prado
volved todos a decir:

(Mientras se canta representa la Idolatría.)

Música y todos Este, no manchada piel,

es el rocío feliz
que nadie sino esta sola
le merece concebir.

(Ciérranse las nubes quedando el Ángel dentro; tocan cajas y trompetas y salen los que pudieren marchando y detrás Gedeón con insignias y traje de general, Joás, y Fará vestido de soldado ridículo.)

Idolatría

¡Oh! ¿Para qué, cielo santo,
estas sombras prevenís?;
pues cuando las luces vea
no las he de percibir,
porque éste es aquel misterio
reservado para mí.

Gedeón

Haced alto, porque antes
que llegue a ver y advertir
qué gente juntó la voz
de mi primero clarín
ni empiece la marcha; solo
a aquel monte he de subir;
aquí me esperad y nadie
se atreva a pasar de aquí.

Fará

¿Pues qué tienes en el monte,
que ver ni qué descubrir?
Si estará como está el prado:
¿no le ves todo morir
de sed?, porque el alba hoy,
según alegre la vi,
sin atreverse a llorar
se le va todo en reír.

(Sube al monte.)

Gedeón

Esperadme, que ya vuelvo.
Señor, a tu pueblo di
tus secretos, porque vea,
en fe de que fía de mí,
sus esperanzas. Temblando
piso el último perfil
del margen... ¿si está el rocío
en la piel cuajado?... Sí,
que nadie sino ella sola
le mereció concebir.
¡Albricias!, Israel, ¡albricias!,
que ya tu suerte es feliz;
cierta es tu victoria; el cielo
la señal que le pedí
me ha concedido: ya veis
que está por todo el país
seca y árida la tierra;
pues es que quiere decir,
que en su mayor sequedad
la lluvia le ha de venir
de la gracia en una nube
cuyo sagrado viril
penetra el rayo del Sol
sin romperle; a cuyo fin,
este blanco vellón leve
que al hielo esta noche estuvo,
tanta sed de nieve tuvo
como si él no fuera nieve.
Las perlas que el Alba bebe,
yo, que he merecido verlas,
en nácar he de cogerlas,

(Exprime el vellón en una concha que sacará del pecho.)

porque tengan a un compás
si aquesto de nieve más
esto más también de perlas.
La concha que al Sol concibe
el llanto del Alba bella,
para que se cuaje en ella,
se abre cuando la recibe;
cuando ya cuajado vive
también después se abre, pues
¿qué será que ésta que ves
conciba y quedarse quiera,
antes y después entera,
intacta antes y después?
Y para más argumento,
aún no ha de quedarse aquí
la experiencia: si es, Señor,
mucho pedir, advertid,
que es desaire del poder
pedir poco, y es decir
que no se atreve a fiar
quien no se atreve a pedir.
Otra vez pongo el vellón
donde le hallé; permitid
que la sequedad mañana
se enmiende con esparcir
por todo el orbe el rocío
y solamente no aquí,
porque esta piel una vez
sola le ha de concebir,
mostrando que esa es bastante
a fecundar y lucir
todo lo demás, haciendo
(Baja.) renacer y revivir

desde la más alta copa
hasta la menor raíz.

Uno ¿Tú entendiste algo de aquello?

Fará ¿Pues no? Todo lo entendí.

Otro ¿Qué quiso decir?

Fará Mirad:
lo que es acá, para mí,
lo que dijo sé, mas no
sé lo que quiso decir,
si bien, aunque mentecato,
he llegado a descorrir,
que vellón que se hace prata
quiere a gran precio sobir.

Gedeón Empiece la marcha agora.

(La caja.)

Joás La gente que viene allí
del tribu es de Manasés.

Gedeón ¿Y ésta?

Joás De el de Neptalí;
esta es del de Zabulón.

Gedeón ¿La de Isacar y Leví,
y Simeón?

Joás No han llegado.

Gedeón ¿Cuántos hay?

Joás Treinta y dos mil.

Gedeón Pues no esperemos a más,
que ¿quién ha de resistir
con treinta y dos mil soldados
a Gedeón? Repetid
que empiece la marcha, que antes
que el Sol trascienda al nadir,
de Jezrael la esmeralda
será encendido rubí.
¿Treinta y dos mil? Nuestra es
la victoria; ¡ea!, a impedir
los esguazos del Jordán,
porque ¿quién, quién, sin huir
ha de poder oponerse
a treinta y dos mil y a mí?

(La caja, y yendo marchando, sale el Ángel al paso.)

Ángel ¿Cómo tan desvanecido,
en fe de la gente, di,
piensas vencer sin dar parte
a Dios del triunfo?

Gedeón ¡Ay de mí!
desvanecióme el poder.

Fará A muchos sucede así.

Soldado III ¿Con quién habla Gedeón?

Fará

Como es loco habla entre sí,
si bien aquesta locura
de mandar y de regir
el pueblo no ha sido mala.
¡Triste y mísero de mí!,
que siempre fui loco y nunca
loco de provecho fui.

Ángel

¡Manda hacer alto!...

Gedeón

¡Haced alto!

Ángel

...que para que atribuir
no se pueda la victoria
sino a Dios solo y no a ti
ni al número que contigo
llevas, Él te habla por mí
y te dice que eches bando
que se vuelvan desde aquí
los que no se hallaren fuertes
y osados para la lid.

Gedeón

Echad un bando de que
cuantos se hallaren, oíd,
pusilánimes, se vuelvan.

(Vase Joás.)

Fará

¿Qué es lo que quiere decir
pojilánimo?, que yo,
si no tengo de mentir,
en esta ocasión me holgara
el ser ánima pojil.

Soldado IV
Pusilánimo es medroso,
cobarde, tímido y vil.

Fará
Yo so pojil según eso;
Señor, a Dios.

Gedeón
¿Te vas?

Fará
Sí,
que si ser pojilanimo,
es lo mismo que decir
vil y tímido y cobarde,
el bando me coge a mí
de medio a medio.

Gedeón
¡Detente!

Fará
O soy o no soy pojil;
vos, que también tenéis traza
pojilánima, venid.

Soldado I
Eso no, con Gedeón
he de quedarme a morir.

Gedeón
Tú no eres, Fará, soldado,
sino criado, y así
el bando no habla contigo.

Fará
¡Cómo no ha de hablar con mí-
go, que yo no le echo porque
me quite el habla, antes sí
le echo porque me la dé,
pues confieso que so un vil,
un tímido y un cobarde!

Gedeón — Tú, Fará, no te has de ir.

Fará — ¡Sí he de ir!; ¡aquí de Dios!,
¿o soy o no soy pojil?

(La caja y sale Joás alborotado.)

Joás — ¿Qué has mandado, Gedeón?
Mira que vas a morir.

Gedeón — ¿Cómo?

Joás — Apenas se echó el bando
cuando empezaron a huir
de las tres partes las dos.

Fará — Sola aquesta vez ser vi
más los cuerdos que los locos.

Joás — No te han quedado diez mil
soldados, a tiempo que
Madián, fiero adalid,
del Jordán quebrando pasa
el cristalino viril,
con tanto número que
no le pueden competir
en multitud y colores
los ejércitos de abril.
¡Vuelve a mandar que se vuelvan!

Ángel — ¡No hagas tal!

Gedeón — ¡Dejadlos ir!,

que aunque el número le pese,
confesará que en la lid
lo noble siempre es lo más,
lo menos siempre es lo ruin.

Ángel
Y tanto, que aun de los diez,
por si ha podido fingir
en algunos la vergüenza
el ánimo varonil,
has de examinar en una
experiencia. Escucha.

(Hablan aparte.)

Fará
¡En fin!,
¿por ser criado, no so
yo pojilánimo?

Soldado II
Sí,
pero no te alcanza el bando.

Fará
Alcánceme, pese a mí,
que no corro mucho ahora,
que aún no ha llegado el huir.

(Yéndose.)

Ángel
Eso has de hacer.

Gedeón
¿Los osados
quieres que despida?

Ángel
Sí.

Gedeón
Pues si habían de volverse
¿por qué los mandas venir?

Ángel
Porque ésta ha de ser victoria
de la fe, y en ella...

Gedeón
Di.

Ángel
...es una cosa el llamar
y otra cosa el elegir.

(Vase.)

Gedeón
¡Valientes soldados míos!,
ya veo cuánto venís
fatigados del calor:
bebed todos, porque si
pasa el contrario el Jordán
y nos retira de aquí,
sed tendremos en el monte;
este daño prevenid
bebiendo todos primero.

Fará
¡Bebamos!; para eso sí
que no seré pojil yo;
mas, ¿qué hemos de beber? Di,
que yo tengo linda sed
y haré la razón por mil.

Gedeón
Los cristales del Jordán.

Fará
¿Cómo es eso de los cris-,
tales por cuales?

Soldado I
Al agua
ven.

Fará
¡A muy lindo barril
de torrente!

Soldado II
¡A beber vamos!

(Vase.)

Soldado III
Yo no puedo resistir
más la sed.

Soldado IV
El pecho al agua,
como se suele decir,
me he de echar; ¿no vienes?

(Vanse.)

Fará
¿Yo?
Pues ¿qué dijera una vid,
que está allí con tanto ojo,
jurándomela por sí
o por no?

Joás
¿No vas?

Fará
¿Yo al agua?;
en mi vida la bebí,
ni la bebiera en mi vida,
sino solamente aquí,
que me ha cogido por sed.
Madres, las que hijos parís,
no paráis en signo acuario.

¡Protesto!, señora vid,
que no me pare perjuicio
(Al llegar, tocan la caja.)
aquesto; mas, ¡ay de mí!,
que está el enemigo enfrente,
y aun dos, el río ahora vi,
que para beber el agua
no es el miedo buen anís.
Sin atreverme a arrojar
tengo de beber así,
en pie y con la mano, que es
dispuesto estar para huir.

(Hace que bebe con la mano.)

Joás ¿Para qué aquesa experiencia
haces?

Gedeón Ahora lo has de oír.
¡Valientes soldados míos!,
¿bebisteis ya todos?

[Salen los cuatro.]

Todos Sí.

Fará Más valiera que no; ¡ay
tripas mías!

Gedeón Pues oíd:
cuantos de pechos bebieron
con esfuerzo varonil
sin recato del contrario...

Fará ¡Cuánto va que va a decir

se queden para la guerra!
Yo con la mano bebí.

Gedeón ...se vuelvan, que si primero
los cobardes despedí,
agora a los animosos.

Fará Luego ¿yo me puedo ir?

Gedeón ¿Tú?, ¿por qué, si en pie bebiste?

Fará Porque en pie o no en pie, bebí
agua, ¿qué más valentía?
Y si antes, pese a mí,
siendo gallina quedé
con los valientes aquí,
agora con los valientes,
por ser gallina he de ir;
que no he de perder derecha
y trocada.

(Dentro.) ¡Al arma!

Gedeón ¡Oíd!

Idolatría (Dentro.) ¡Toca a embestir, Madián!,

(La caja siempre.)

¡Amalec, toca a embestir!

Madián Hoy, ¡o morir o vencer!

Amalec Hoy, ¡o vencer o morir!

Fará — Puesto que a escoger nos dan,
escojamos el huir.

(Dentro.) — ¡Arma, arma!

Otros — ¡Guerra, guerra!

Joás — Ya se ha trabado la lid,
y apenas trecientos hombres
tienes.

Gedeón — Hartos son. Venid,
Dios por nosotros pelea.

Fará — Si Dios pelea por mí
¡poca falta le haré yo!

(Dentro.) — ¡Arma!

Los tres — ¡Vencer o morir!

Gedeón — ¡Vencer o morir, soldados!;
mientras que voy a embestir,
quédate, divina piel,
que yo volveré por ti
en venciendo al enemigo.

(Vanse y fíngese dentro la batalla.)

Fará — ¿Qué será, que cuando aquí,
yo por testigo me quedo
de la lid que trabar vi,
no sé si yo tengo el miedo

o el miedo me tiene a mí?
¡Por más que acercarme intente
a hacer algo al enemigo,
¡oh alto Dios omnipotente!,
no puedo acabar conmigo
empezar a ser valiente!
Mas, ¿cómo lo he de acabar,
si no lo empiezo a empezar?
¡Oh, cuál anda la lid fiera!

(La caja y sale [la] Idolatría, desnuda la espada.)

Idolatría
¡Oh cielos! ¡Y quién pudiera
hoy o morir o matar!,
mas ni morir en tal pena
puedo, porque inmortal soy,
ni matar de rabia llena,
porque como perro estoy
atraillado a una cadena
que Dios en su mano tiene,
y yo más poder no tengo
que el que su eslabón previene.
¿Quién va?

Fará
Usté es quien va y viene,
porque yo ni voy ni vengo.

Idolatría
¿Eres israelita...

Fará
¿Qué
quiere su merced que sea?
Que yo eso solo seré.

Idolatría
...o madianita?

Fará Ara crea,
que me madianitaré,
si en eso la sirvo.

Idolatría Di,
¿qué Dios adoras?

Fará ¿Yo?

Idolatría Sí.

Fará Poco aqueso me desvela.

Idolatría ¿Qué adoras?

Fará Una mozuela
que me trae fuera de mí.

Idolatría ¡Oh, quién en tanto desdén
pudiera dar muerte fiera
a ti y a cuantos se ven
de tu vil nación!

Fará ¡Oh quién
pudiera, que no pudiera!;
y así entre si puede o no,
quiero ver si puedo yo.

Idolatría ¿Qué, cobarde?

Fará Ello dirá.

Idolatría Di, ¿qué?

Fará
Dejarla con la
aquella que la parió.

[Vase.]

Idolatría
Pavorosa noche fría,
no es esta la primer vez
que, ciega la Idolatría,
pidió que tu negra tez
empañe su luz al día.
Sal de el campo de Occidente
a manchar del Sol la faz,
porque tu pavor intente
poner treguas, si no paz,
entre tanta herida gente.
Mira que va de vencida
el campo de Madián,
y solo estriba mi vida
en ver si tus sombras dan
tiempo a que su fuga impida
y pues que mías las nombras,
consuela esta vez siquiera
de cuantas veces asombras,
porque a otras sombras no muera,
sino a manos de tus sombras,
puesto que no es la menor
de las que me dan temor
contra tan grande poder
ver los tímidos vencer.
Parece que a mi clamor
respondes, pues ya las bellas
luces del mayor farol,
tropezadas de tus huellas,

pedazos han hecho al Sol
y todo se ha vuelto estrellas.
(Tocan a marchar.) A retirar han tocado
ambos campos, y en un punto
todo en silencio ha quedado;
¡qué poco dista un difunto
de un dormido fatigado!
Solo entre ambos campos vela
mi dolor hasta saber,
siendo doble centinela,
qué prodigio piensa hacer
hoy la aurora; vuela, vuela
noche pavorosa y fría,
da prisa a tu negro coche;
¡cuál anda la suerte mía:
si es de día, tras la noche;
si es de noche, tras el día!

(Paséase y sale Gedeón.)

Gedeón

Aunque la victoria vi
tan de mi parte, no fuera
cordura seguirla allí,
que dentro de la ribera
y de noche, bien temí
alguna emboscada, al ver
que Madián su atención
puso en volverse a esconder
y sin segunda intención
no se retira el poder;
y así hasta que el alba venga
con su seña, es necesario
que cuidado el valor tenga
y por mí mismo prevenga

reconocer al contrario,
en cuyo término ya
con una posta he encontrado;
bien recatarme será,
no me sienta su cuidado
hasta ver si ocasión da
de prenderla.

Idolatría
Corre aprisa,
sombra, y aunque me esté mal,
nuevas del alba me avisa.

(Dentro Madián y Amalec.)

Madián
¡Pitonisa de Baal!

Amalec
¡Bellísima Pitonisa!

Gedeón
Voces oigo.

Idolatría
En nuevo asombro
mi ciego espíritu inflamo.

Los dos
¡Pitonisa!

Idolatría
Yo me asombro,
¿quién me llama?

Madián
Yo te llamo.

(Sale.)

Idolatría
¿Quién me nombra?

Amalec Yo te nombro.

(Sale.)

Idolatría ¿Madián? ¿Amalec?

Los dos Sí.

Idolatría ¿Qué
es esto?

Gedeón Desde aquí oiré.

Madián Vencido...

Idolatría Ya lo sentí.

Amalec Retirado...

Idolatría Ya lo sé.

Madián ...a ese bosque...

Idolatría Ya lo vi.

Amalec ...me entré...

Madián ...y como siempre ha sido
el sueño...

Amalec ...pensión del hado...

Idolatría también sé que habéis dormido.

Madián
Pues oye lo que he soñado,

Amalec
Oye el sueño que he tenido,

Madián
...porque, como sabia, quiero
que le interpretes.

Amalec
...porque
de ti su sentido espero.

Gedeón
Lo que soñaron oiré.

Madián
¡Mortal vivo!

Amalec
¡Infeliz muero!

Madián
Ese prestado homicida,
que con nombre de reposo
no hay sentido que no impida,
ladrón de la media vida,
me ocupaba pavoroso...

Amalec
Esa halagüeña crueldad,
que con nombre de piedad
nos posee en dulce calma,
siendo argumento del alma
para su inmortalidad...

Madián
...cuando vi en el cielo un pan
que más que el Sol relucía.

Amalec
Y yo también, Madián,
por más señas que tenía,
donde sus reflejos dan,

una espada, que pendiente
como a las espaldas de él
amenazaba mi frente.

Madián — Esa misma es la cruel
visión que mi pecho siente.

Idolatría — ¿Pan y espada, Amalec?

Amalec — Sí.

Idolatría — ¿Espada y pan, Madián?

(Aparte.) — ¡Ay, Gedeón!, bien temí
que para ti será el pan
y la espada para mí,
pues verle resplandecer,
y que en rigor se convierte,
que es bien claro da a entender
pan de vida y pan de muerte
que ha de ayudarte a vencer.

Gedeón — La gente que retirada,
con las luces encubiertas
quedó, avanzará emboscada,
pues son en dichas tan ciertas
mío el pan, suya la espada.

(Vase.)

Madián — ¿Qué juzgas de aqueste sueño?

Amalec — ¿Qué sientes de esta visión?

Idolatría

Si no soy en tanto empeño
dueño yo de mi pasión,
¿seré de la vuestra dueño?
No sé, ¡ay de mí!, solo sé
que ley que es en voz hebrea,
dice espada y pan, mas qué
signifique ni qué sea,
eso lo dirá la Fe
pero no la Idolatría.

Madián

Pues, ¿cómo el dios de Baal
de ti su espíritu fía?

Idolatría

Como a sacramento tal
no alcanza la vista mía.

Madián

¿Luego hasme engañado?

[Amenazándola.]

Amalec

No
la maltraten tus desvelos,
u defenderéla yo.

Madián

No añadas, Amalec, celos
al furor que ocasionó
mi cólera.

Amalec

Cómo entiendas,
no sé el que ciego pretendas
enojándola celalla.

Madián

Porque quiero yo enojalla
y no que tú la defiendas.

(Pónese en medio la Idolatría representando con las acciones el detenerlos, mientras salen Gedeón, Joás, Fará y los cuatro Soldados, con hachas encendidas dentro de unos cántaros.)

Gedeón
Vuestros contrarios tenéis
en vuestras manos; llegad
y a una voz que escucharéis,
todos los barros quebrad
en que las luces traéis.

Amalec
Pues yo la he de defender
si la quieres ofender.

Madián
No hagas que en ira deshecho,
reviente un volcán mi pecho
que hasta aquí pudo esconder.

Amalec
No hagas que el que el mío encierra
abrase toda esta tierra.

Madián
¿Tú?

Amalec
Sí.

Gedeón
¡Agora es ocasión!

Madián
¿Cómo?

Amalec
¡Así!

Idolatría
¡Qué confusión!

(Quiebran los cántaros, descubren las luces y embisten. Con ellos, y a un tiempo, cajas y trompetas.)

Todos — ¡Arma, arma, guerra, guerra!

Idolatría — ¿Quién causa esta novedad,
que de armas y luces veo?

Amalec — Tuya ha sido la crueldad.

Madián — Tuyo es el traidor deseo.

(Embístense los dos.)

Gedeón — A ninguno perdonad.

Fará — ¿Qué es perdonar? La ocasión
nuevo esfuerzo me previene.

Todos — ¡Traición, traición!

Idolatría — No es traición.

Los dos — ¿Qué es?

Idolatría — Que sobre todos viene
la espada de Gedeón.

(Dase la batalla, entrando y saliendo, peleando.)

Amalec — ¡Al paso saldrá mi acero!

Madián — ¡Detendré su esfuerzo altivo!

Idolatría ¡Tarde ya el remedio espero!

Amalec ¡Ay de mí!, ¡rabiando vivo!

Madián ¡Ay de mí!, ¡rabiando muero!

Gedeón ¡Mueran todos!

Joás Ellos se hacen
la guerra.

Fará Rotos los dos
campos a sus manos yacen.

Gedeón Los enemigos de Dios,
ellos mismos se deshacen,
siendo los cielos testigos,
pues pan y espada nos dan,
y con sangrientos castigos,
quien se armare de aquel pan
vencerá a sus enemigos.
No perdamos la ocasión
que hoy el cielo nos previene.

(Dentro.)

Todos ¡Traición, traición!

Gedeón ¡No es traición,
sino que en vosotros viene
la espada de Gedeón!

(Éntranse riñendo y queda Idolatría.)

Idolatría

Ya que con tan nuevo horror
de luces y armas se ven
puestos en fuga los campos
de Madián y Amalec,
y uno de otro recatados
se hieren, llegando a ver
que el rencor que yo introduje
en ellos contra mí es,
de sus cubiertas antorchas
he de valerme también
pues con aquesta que acaso

(Levanta una hacha que se ha caído en el suelo.)

aquí se cayó, ha de arder
toda la campaña, siendo
la primera aquesta mies.

(Sale la Mies, con espada.)

Mies

Eso no, que esta mies tú
no la puedes ofender,
que no hay grano en sus espigas
en que un Mmsterio no esté,
desde el primer sacrificio
del pan de Melquisedec,
hasta aquel de Gedeón
que ardió con carne después.

Idolatría

Pues abrasaré este monte.

(Sale el Monte.)

Monte

Tampoco llegues a él,

que si hubo un árbol de muerte
en el primero vergel,
otro árbol aquí hay de vida
que viste abrasar también
por leña del sacrificio
del caudillo de Israel.

Idolatría

Pues los ganados y hojas
de este prado abrasaré.

(Sale el Prado.)

Prado

No abrasarás, que un cordero
en sus rebaños se ve,
a quien tú no has de tocar,
que es sacrificada res.

Idolatría

Otra vez a la primera
duda he vuelto y otra vez
el Fuego, Mies, Monte y Prado
me hacen dudar y temer;
Fuego, este que oculto trujo
Gedeón para vencer;
Mies, aquesta que me dice
que su pan misterio es;
Monte, el que un árbol previene
que vida a la muerte dé;
Prado, el que un cordero guarda
para sacrificio; quién
dirá qué es esto...

Todos

La Aurora,
que ya empieza amanecer
según las aves lo cantan

diciendo segunda vez:

(Suenan pájaros.)

Música

Ven, hermosa blanca Aurora,
ven, divina Aurora, ven,
a fecundarnos a todos,
pues ya concibió la piel,
porque se enmiende en la dicha de hoy
la soledad, y la pena de ayer.

(Ábrense las cuatro nubes y llueven las tres que primero no llovían, y la otra no, donde ha de estar la Aurora con el Ángel arrodillado, como quedaron cuando se cerró.)

Aurora

Nubes, mieses, montes, prados,
ya vuelvo yo a deshacer
de ayer las ansias, que hoy
mi divino rosicler
a todos ha de alcanzar
sino solo a aquesta piel,
porque ella sola no puede
concebir segunda vez.

(Dentro.)

¡Victoria por Gedeón!

(Salen Todos.)

Gedeón

Claro está, pues vuelvo a ver
la Aurora, entre hermosas nubes
de púrpura y de clavel.
Bien visteis ayer que ella
concibió, dejando ayer
secos mies y monte y prado;

pues hoy, pródiga del bien
común, reparte con todos
su nevada candidez,
en señal que a sus contrarios
he de acabar de vencer.

Idolatría

Ya lo veo, mas no alcanzo
qué misterio puede haber.

Ángel

¿Viéndome a mí arrodillado,
fiera Idólatra, a los pies
de la más hermosa Aurora,
claro no se deja ver,
que el rocío que concibe
este vellón una vez
y no otra, repartiendo
su albor al Mundo después,
es la Encarnación, misterio
que tú no has de comprehender
ni aun en las sombras?

Idolatría

Y de ella,
¿qué se le sigue a la Mies?

(Descúbrese en el segundo carro un cuadro de la Encarnación.)

Mies

Llenar las trojes de trigo
en la casa de Belén,
que es Casa de Pan, adonde
al encarnar el nacer
ha de seguirse.

Idolatría

Y el Monte,
¿qué saca de eso?

(Descúbrese una Cruz en el tercer carro.)

Monte

Tener
aquel árbol de la Cruz,
que es en el que ha de vencer,
muriendo, a la muerte.

Idolatría

Y de eso,
¿qué se sigue al Prado?

(Descúbrese, en el cuarto carro, un cordero en un altar con un Cáliz y Hostia.)

Prado

Ver
figurado en un cordero
el sacrificio de Abel,
en aquel cándido pan
que espada al contrario fue,
en cuyas especies solo
los accidentes se ven
y no la substancia, puesto
que ya carne y sangre es,
reduciendo de la nube
el hermoso rosicler
del fuego de amor, el trigo
de la más fecunda mies;
del monte, la mejor leña;
como del prado también
el mejor cordero; viendo
todo eso cifrado en él
después que la luz cubierta
venció Gedeón.

Idolatría ¿Por qué?

Todos Porque con la luz tapada
es como vence la Fe.

Idolatría ¿La Fe tapada la luz?

Gedeón Sí, pues ella a oscuras ve,
a oscuras vence y deshace
sus enemigos.

Idolatría Detén
la voz, que tantos misterios,
no penetra mi altivez
y aunque todos me dan tanta
guerra, solo he de saber
qué misterio será éste,
que no he de alcanzar aquél.
¿Qué ve la vista allí?

Mies Pan.

Idolatría ¿Qué halla el gusto?

Monte Pan también.

Idolatría El oído en su fracción,
¿qué oye?

Prado Que solo pan es.

Idolatría El tacto, ¿qué toca?

Joás Pan.

Idolatría
¿Qué huele el olfato?

Fará
¿Qué?
Paréceme a mí que pan.

Idolatría
Pues ¿por qué todos creéis
contra todos los sentidos,
que es carne y sangre? ¿Por qué?

Todos
Porque con la luz tapada,
es como vence la Fe.

Idolatría
¿Quién os lo dice?

Todos
Ella misma.

Idolatría
¿Ella lo dice?

Gedeón
Sí, pues
de cinco sentidos, cuatro
dan al oído el laurel,
creyendo lo que se oye,
pero no lo que se ve;
conque dando fin al auto,
diga el cántico otra vez...

Fará
Después de pedir perdón,
humildes, a vuestros pies.

Música (Todos repiten.)
¡Ven, hermosa blanca Aurora!,
¡ven, divina Aurora, ven!,
a fecundarnos a todos,
pues ya concibió la piel,

porque se logre en la dicha de hoy,
la soledad y la pena de ayer.

Fin

Libros a la carta

A la carta es un servicio especializado para
empresas,
librerías,
bibliotecas,
editoriales
y centros de enseñanza;
y permite confeccionar libros que, por su formato y concepción, sirven a los propósitos más específicos de estas instituciones.

Las empresas nos encargan ediciones personalizadas para marketing editorial o para regalos institucionales. Y los interesados solicitan, a título personal, ediciones antiguas, o no disponibles en el mercado; y las acompañan con notas y comentarios críticos.

Las ediciones tienen como apoyo un libro de estilo con todo tipo de referencias sobre los criterios de tratamiento tipográfico aplicados a nuestros libros que puede ser consultado en Linkgua-ediciones.com.

Linkgua edita por encargo diferentes versiones de una misma obra con distintos tratamientos ortotipográficos (actualizaciones de carácter divulgativo de un clásico, o versiones estrictamente fieles a la edición original de referencia).

Este servicio de ediciones a la carta le permitirá, si usted se dedica a la enseñanza, tener una forma de hacer pública su interpretación de un texto y, sobre una versión digitalizada «base», usted podrá introducir interpretaciones del texto fuente. Es un tópico que los profesores denuncien en clase los desmanes de una edición, o vayan comentando errores de interpretación de un texto y esta es una solución útil a esa necesidad del mundo académico.

Asimismo publicamos de manera sistemática, en un mismo catálogo, tesis doctorales y actas de congresos académicos, que son distribuidas a través de nuestra Web.

El servicio de «libros a la carta» funciona de dos formas.

1. Tenemos un fondo de libros digitalizados que usted puede personalizar en tiradas de al menos cinco ejemplares. Estas personalizaciones pueden ser de todo tipo: añadir notas de clase para uso de un grupo de estudiantes,

introducir logos corporativos para uso con fines de marketing empresarial, etc. etc.

2. Buscamos libros descatalogados de otras editoriales y los reeditamos en tiradas cortas a petición de un cliente.

www.ingramcontent.com/pod-product-compliance
Lightning Source LLC
LaVergne TN
LVHW101917190826
846094LV00002B/37

* 9 7 8 8 4 1 1 2 6 0 6 2 6 *